BEI GRIN MACHT SICH IHR WISSEN BEZAHLT

AF167970

- Wir veröffentlichen Ihre Hausarbeit,
  Bachelor- und Masterarbeit

- Ihr eigenes eBook und Buch -
  weltweit in allen wichtigen Shops

- Verdienen Sie an jedem Verkauf

Jetzt bei www.GRIN.com hochladen und kostenlos publizieren

Bibliografische Information der Deutschen Nationalbibliothek:

Die Deutsche Bibliothek verzeichnet diese Publikation in der Deutschen National-
bibliografie; detaillierte bibliografische Daten sind im Internet über http://dnb.d-
nb.de/ abrufbar.

Impressum:

Copyright © 2020 GRIN Verlag
Druck und Bindung: Books on Demand GmbH, Norderstedt Germany
ISBN: 9783346159533

Dieses Buch bei GRIN:

https://www.grin.com/document/539658

Christoph Kuhl

Marketingkonzepte für Fitnessstudios zur Steigerung der Mitgliederzahl

GRIN Verlag

GRIN - Your knowledge has value

Der GRIN Verlag publiziert seit 1998 wissenschaftliche Arbeiten von Studenten, Hochschullehrern und anderen Akademikern als eBook und gedrucktes Buch. Die Verlagswebsite www.grin.com ist die ideale Plattform zur Veröffentlichung von Hausarbeiten, Abschlussarbeiten, wissenschaftlichen Aufsätzen, Dissertationen und Fachbüchern.

Besuchen Sie uns im Internet:

http://www.grin.com/

http://www.facebook.com/grincom

http://www.twitter.com/grin_com

Deutsche Hochschule für
Prävention und Gesundheitsmanagement
Hermann Neuberger Sportschule 3
66123 Saarbrücken

Einsendeaufgabe

Fachmodul: Marketing II

Studiengang: Fitnessökonomie

Datum
Präsenzphase: 6.1.-9.1.20

Name, Vorname: Kuhl, Christoph

Studienort: **Berlin**

Semester: **WS2017**

Inhaltsverzeichnis

1. Preismanagement und Kooperationen 2

    1.1 Kostenorientierte Preisbildung 2

    1.2 Konkurrenzorientierte Preisbildung 2

    1.3 Psychologische Auswirkungen des Preises / Preisdifferenzierung 3

    1.4 Preiselastizität der Nachfrage 4

2. Strategische Analysemethoden 5

    2.1 Five-Forces-Modell 5

    2.1 Durchführung einer SWOT-Analyse 6

    2.3 Erstellung einer SWOT-Matrix 7

    2.4 BCG-Portfolio und Produktlebenszyklus 9

    2.5 Fazit 9

3. Corporate Identity, Digitalisierung und Integrierte Kommunikation 10

    3.1 Analyse eines Best-Practice-Beispiels 10

    3.1.1 Corporate Identity 10

    3.1.2. Digitalisierung und integrierte Kommunikation 11

    3.2 Kommunikationsstrategie 12

4. Marktfeldstrategien: 13

5. Literaturverzeichnis 15

1. Preismanagement und Kooperationen

1.1 Kostenorientierte Preisbildung

Für den ersten Teil der Aufgabe soll im folgenden der Mitgliedsbeitrag pro Monat berechnet werden. Dieser setzt sich wie folgt zusammen:

Fixkosten insgesamt: 850.000€

Mitglieder: 2400

Fixkosten pro Mitglied pro Monat: 850.000€/ 2400: 12 = 29,51€

Variable Kosten pro Mitglied: 14,50€

Kosten pro Mitglied gesamt: 44,01€

Gewinnzuschlag 15%

Mitgliedsbeitrag Netto= Kosten gesamt x Gewinnzuschlag= 44,01€ x 15% = 50,61€

Mitgliedsbeitrag Brutto: 50,61€ x 19% Mehrwertsteuer = 60,23€

Der endgültige Mitgliedsbeitrag pro Monat für ein Mitglied inklusive Gewinnzuschlag
liegt bei 60,23€.

1.2 Konkurrenzorientierte Preisbildung

Bei einem Konkurrenzorientiertem Preisbildungsverfahren werden die Preise des eigenen
Studios nach der Konkurrenz ausgerichtet. Dies geschieht unabhängig von den Unterneh-
menskosten und der Nachfragesituation auf dem Markt (Weis, 2012, S.388). Im Markt-
gebiet der Premium Health Ltd. eröffnet ein gleich positionierter Konkurrent eine Anlage.
Der Mitgliedsbeitrag des Konkurrenten soll ca. fünf bis zehn Euro unter dem eigenem
Beitrag liegen. Um die eigenen Mitglieder und neue Kunden nicht an die Konkurrenz zu
verlieren muss das Unternehmen handeln. Im Grundsatz hat die Premium Health Ltd. nun
drei verschiedene Möglichkeiten. Der Preis kann niedriger als beim Konkurrenten, gleich
dem Preis des Konkurrenten oder höher angesetzt werden.

Da sich das Unternehmen Premium Health Ltd. über eine hohe Servicequalität und eine
sehr hohe Kundenzufriedenheit auszeichnet, wird beschlossen den Preis nicht an die Konkurrenz anzupassen. Stattdessen werden zwei verschiedene Preismodelle eingeführt. Somit erhalten alle Mitglieder, die ihre Verträge auf eine 2 Jahre Mitgliedschaft verlängern
(von vorher einem Jahr), einen Preisnachlass von fünf Euro pro Monat. Dies gibt dem

Unternehmen eine hohe Planungssicherheit, sobald ein Kunde eine Verlängerung auf eine Vertragslaufzeit von zwei Jahren unterschreibt. Dadurch, dass vom Preis in der Mitgliedschaft keine Abzüge gemacht werden, ist es jedoch wichtig die eigenen Stärken hervorzuheben. Deswegen wird das Personal noch einmal intensiv geschult, die Bedürfnisse und Wünsche der Kunden zu verstehen und mit einer hohen fachlichen Kompetenz und emotionaler Intelligenz dem Kunden ein gutes Gefühl beim Besuch des eigenen Studios zu geben.

1.3 Psychologische Auswirkungen des Preises / Preisdifferenzierung

Für den Markteintritt in den Deutschen Markt wird im folgenden erläutert, wie sinnvoll es ist, für die Kundengruppe „Schüler" und „Senioren" ein besonders preiswertes Preismodell anzubieten. Die eigenen Preisvorstellungen des Unternehmens liegen deutlich über dem für Senioren und Studenten angedachten Preis. Durch eine personelle Preis differenzierung ist es möglich für ein Unternehmen das Marktpotenzial optimal auszuschöpfen. Dies hat einen höheren Umsatz für das Unternehmen zur Folge.

Da Senioren oftmals für lange Zeit in einem Studio bleiben und die Fluktuation bei Personen im höherem Alter niedrig ist (Dozent Präsenzphase), ist es sinnvoll für das Unternehmen, das eigene Fitnessstudio für diese Zielgruppe attraktiv zu machen.

Für viele Personen gilt der Preis jedoch als Qualitätsindikator. So spricht ein niedriger Preis oftmals für mangelnde Qualität, welches dem Unternehmensimage schaden könnte. Daher ist es wichtig in der Werbekampagne beim Markeintritt aufzuzeigen, dass es sich hierbei um vergünstigte Sondertarife handelt, um Personen mit einem geringeren Einkommen auch ein qualitativ hochwertiges Training zu ermöglichen. Sollte dies durch gezielte Ansprachen an den deutschen Fitnessmarkt gelingen kann die Premium Health Ltd. auch in dem deutschen Fitnessmarkt ein qualitativ hochwertiges Training zu den von der Geschäftsführung angedachten Preisen durchsetzen, und einen Sondertarif für Schüler und Senioren anbieten.

Eine weitere Möglichkeit der Preisdifferenzierung ist die mengenmäßige Differenzierung. Auch diese Differenzierung ist für den Betreiber eines Fitnessstudios durchaus sinnvoll. So können mit verschiedenen Firmen Kooperationen geschlossen werden (Firmenfitness), welche den Arbeitnehmern Rabatte gewähren. Des Weiteren kann auch die Laufzeit als Differenzierung für den Preis betrachtet werden. So werden Mitgliedern bei einer längeren Vertragslaufzeit ein niedrigerer Preis angeboten, um dieses attraktiver zu machen. Eine lange Laufzeit im Vertrag des Kunden hat für die Premium Health Ltd. den Vorteil Kunden lange gebunden zu haben und Planungssicherheit für das Unternehmen zu gewinnen. Auch eine Kooperation mit Firmen in der Nähe des Studios kann dazu beitragen, dass das Unternehmen den Markt ideal ausschöpfen kann.

1.4 Preiselastizität der Nachfrage

Im Folgenden soll die Preiselastizität der Nachfrage für die Marke Premium Health Ltd. berechnet werden. Diese setzt sich wie folgt zusammen:

Monatlicher Preis Mitgliedschaft: 54,99€

Monatliche neuer Preis Mitgliedschaft: 60,99€

Aktuelle Mitgliederanzahl: 2200

Neue Mitgliederanzahl: 2000

Veränderung der Mitgliederanzahl in %: (Neue Mitgliederanzahl x 100) / Vorheriger Mitgliederbestand

$\rightarrow$ (2000 x 100) / 2200 = 90,91%

Veränderung des Preises in %: (Neuer Preis x 100) / Vorheriger Preis

$\rightarrow$ (60,99€ x 100) / 54,99€ = 110,91%

Nun wird bei beiden der Betrag der Differenz zu 100% gezogen und die Werte werden miteinander dividiert.

$\rightarrow$ 90,91% $\rightarrow$ 9,09%

$\rightarrow$ 110,91% $\rightarrow$ 10,91%

Preiselastizität= Änderung der Mitgliederanzahl (%) / Änderung des Preises (%) = 9,09% / 10,91% = 0,83

Die Preiselastizität beträgt 0,83. Da diese geringer als 1 ist handelt es sich um eine unelastische Nachfrage. Dies bedeutet, dass eine Erhöhung des Preises um einen Prozent einen Mitgliederrückgang von weniger als einen Prozent ausmacht. Für das Unternehmen der Premium Health Ltd. ist es daher lohnenswert die geplante Erhöhung des Mitgliedsbeitrags durchzuführen. Der fehlende Beitrag der Mitglieder, die gekündigt haben kann durch die Erhöhung der restlichen Beiträge komplett aufgefangen werden. Des weiteren entstehen durch die Kündigung der ca. 200 Mitgliedern wieder freie Kapazitäten für neue Interessenten, welche direkt den neuen Mitgliedsbeitrag zahlen würden.

2. Strategische Analysemethoden

2.1 Five-Forces-Modell

Anhand des Five-Forces-Modell lässt auf Grundlage von fünf Kräften, welche den Wettbewerb beeinflussen, beurteilen, wie attraktiv ein Marksegment ist (Bea & Haas, 2013, S.99). Dieses setzt sich wie folgt für das Unternehmen „Freeletics" zusammen.

Potenzielle Mitbewerber:
Für den Eintritt einer Fitnessapp in den Markt sind keine Lizenzen oder teuren Investitionen notwendig. Die Einstiegshürden sind sehr gering. Daher kann der Einstieg als einfach eingestuft werden.

Zulieferer:
Hier wird analysiert, wie stark das Unternehmen von Zulieferern abhängig ist. Unter Zulieferern kann auch eine Dienstleistung wie die Programmierung einer Zusatzfunktion innerhalb der App oder die Speicherung der Nutzerdaten bei einem Cloud Provider verstanden werden. Da das Unternehmen Freeletics durch eine Investition eines US Unternehmers im Jahr 2018 über ein sehr hohes Kapital verfügt, und somit ihre eigenen IT Profis beschäftigt, müssen sie nicht auf externe Dienstleister zugreifen. Daher gibt es in diesem Punkt nur eine sehr geringe Abhängigkeit.

Mitbewerber/ Rivalität:
Die Anzahl an Fitness App Anbietern auf dem Markt ist extrem groß. Jedoch gibt es kein agressives werben um Kunden, welche bei einem anderen Anbieter sind. Über Werbeanzeigen wird eher versucht neue Kunden zu akquirieren, statt über Wechselangebote zu verbesserten Konditionen etc. dem Mitbewerber Kunden zu nehmen.

Kunden:
Unter diesem Gesichtspunkt wird analysiert, welche Macht der Kunde besitzt. Durch eine vertragliche Regelung, die der Kunde mit dem Unternehmen zu Beginn abschließt, ist der

Kunde für eine Regelzeit von entweder drei, sechs oder 12 Monate an das Unternehmen gebunden. Nach Ablauf der Vertragslaufzeit und der Kündigung ist es allerdings sehr einfach für den Kunden zum Mitbewerber zu wechseln.

Ersatzprodukte:
Hier wird überprüft, ob der Kunde ausweichen kann. Als einer der stärksten Mittbewerber auf dem deutschen Fitnessmarkt zählt wohl der Anbieter „Runtastic". Des Weiteren gibt es viele Ausweichprodukte mit ähnlichen Leistungen und gleicher Zielgruppe.

2.1 Durchführung einer SWOT-Analyse

Stärken Freeletics:
Freeletics ist in Deutschland das zweitumsatzstärkste Unternehmen im Markt der Fitness-appanbieter (Statista 2020). Durch die Marktstärke und die Investitionen eines US-Unternehmens 2018 verfügt das Unternehmen über sehr große Geldmittel und hat somit eine hohe Kaufkraft. Eine weitere Stärke von Freeletics bezieht sich auf die Community der Fitnessapp (Scherkamp 2015). Auch im Vergleich zu einer klassichen Mitgliedschaft im Fitnessstudio kann Freeletics mithalten. Eine Jahresmitgliedschaft bei Freeletics kostet 79,99€ (Freeletics App)

Schwächen:
Wer bei Freeletics eine Mitgliedschaft abschließt bekommt einen vorgefertigten Trainingsplan, der keine individuellen inthernistische oder ortopädische Probleme berücksichtigt. Somit kann es bei Menschen mit Beschwerden zu Problemen kommen (Heinzerling 2014). Auch bei falscher Übungsausführung gibt es keine Kontrolle, was die Verletzungsgefahr für den Kunden erhöht und zu negativen Erlebnissen mit der Fitnessapp führt (Heinzerling 2014). Außerdem ist die Freeletics GmbH nahezu nur über die App bekannt. Ein zweites Standbein, welches für großen Umsatz sorgt, gibt es kaum.

Risiken:
Will ein Unternehmer eine App im Bereich Fitness auf den Markt bringen, so benötigt er hierfür keine aufwendigen Lizenzen, oder ein besonders hohes Startkapital. Somit sind die Barrieren für den Markteintritt relativ gering. Gerade in Deutschland gelten starke Richtlinien für die Speicherung von kundenbezogenen Daten. Sollte es hier Probleme

geben und Kundendaten werden freigegeben führt dies schnell zu einem Aufschrei und das Image des Unternehmens bekommt einen erheblichen Schaden. Des Weiteren ist CEO Daniel Sobhani 2018 eine Partnerschaft mit dem US-Unternehmen Fitlab eingegangen. Somit gehören große Teile des Unternehmens nicht mehr den Gründern. Dies verursacht eine lange Entscheidungskette und aktuelle Trends könnten zu spät entdeckt werden und die Attraktivität der App schmälern.

Chancen:
Freeletics ist aktuell hauptsächlich auf dem Europäischem Markt vertreten. Somit bestehen große Expansionsmöglichkeiten gerade nach Asien und Amerika. Schätzungen zu Folge wird die Anzahl der Fitnessapp Nutzer im Jahr 2022 auf über sieben Millionen ansteigen (Statista, 2017). Außerdem hat Freeletics die Möglichkeit weitere Vertriebswege wie z.B. die firmeneigene Modemarke bekannter zu machen und auszubauen.

2.3 Erstellung einer SWOT-Matrix

Ein neuer Trend kann für ein Unternehmen abhängig von den eigenen Stärken und Schwächen eine Chance oder auch ein Risiko sein (Kotler et al., 2011, S.101). Über eine SWOT-Matrix ist es möglich die Ressourcenanalyse und Analyse des vom Unternehmen bedienten Markts grafisch darzustellen und Bedrohungen und Möglichkeiten für das Unternehmen frühzeitig zu erkennen (Meffert, Burmann, Kirchgeorg, 2012b, S.240).

Chancen/Stärken SO-Strategie

Durch den Einstieg eines US-Investors verfügt Freeletics nun über Expertenwissen im Amerikanischen Markt und kann die Pläne der Internationalisierung nun gezielt angehen, um in den amerikanischen Markt einzusteigen. Aufgrund von Prognosen, die davon ausgehen dass die Anzahl an Usern, welche eine Fitnessapp besitzen weiter steigen wird, kann Freeletics seine Bekanntheit nutzen um die Vorteile, welche die App mit sich bringt, und somit den Umsatz über die Gewinnung von Neukunden weiter zu steigern.
Beispiele solcher Vorteile sind der günstige Preis oder die Alltagsintegrität.

Chancen/ Schwächen WO-Strategie

Über Zusatzfunktionen in der App kann ein Trainingsplan individueller gemacht werden. Hierzu könnten beispielsweise neben Alter und Größe Angaben nach Einnahme von Medikamenten oder regelmäßigen Beschwerden abgefragt werden. Des Weiteren können weitere Vertriebswege, wie z.B. die Modemarke „Freeletics Essentials" weiter vorangetrieben werden und besser beworben werden. Dies könnte die Abhängigkeit von der Fitness-App reduzieren.

Risiken/ Stärken ST-Strategie

Hier gibt es viele Möglichkeiten. Eine ist z.B. die App weiter auszubauen und sportartspezifische Trainingspläne anzubieten, welche den Kunden gezielt für einen gewissen Zeitraum an seinen Zielen arbeiten lässt. Hier ist es wichtig die Abgrenzung zu herkömmlichen Fitnessstudios darzustellen. Durch den großen Anstieg an Fitnessapp Usern sollte die Community weiter ausgebaut werden, damit sich die Kunden immer weiter mit dem Unternehmen identifizieren können. Da bei großen Unternehmen aufkommende Datenlecks immer wieder in die Öffentlichkeit gelangen, sollte das Unternehmen vorgewarnt sein. Hierbei wird es wichtig sein in eine gut geschützte Speicherung der Kundendaten zu investieren. Aufgrund eines hohen Gewinns ist eine sehr gute Datenspeicherungsanlage möglich.

Risiken/Schwächen WT-Strategie:

Alle Mitglieder, die in der App kostenpflichtig angemeldet sind, könnten Zugang zu einem Live Chat bekommen und mit einem Experten verbunden werden, welche ihnen Falle eventueller Einschränkungen im Training Alternativen aufzeigen kann. Da ein Konkurrent sehr schnell auf den Markt treten kann und der App Konkurrenz bietet ist es wichtig, diesen einen Schritt voraus zu sein. Über den amerikanischen Investor hat Freeletics beste Möglichkeiten Fitnesstrends aus Amerika als erste in den europäischen Markt zu integrieren.

2.4 BCG-Portfolio und Produktlebenszyklus

Das Unternehmen Boston Consulting Group BCG entwickelte eine Portfoliotechnik für Geschäftsfeldstrategien und Produktstrategien, die sogenannte BCG-Matrix. Diese zeigt auf, welche Märkte attraktiv sind und ob das Unternehmen diese auch mit ihren Produkten bedienen kann (Fleig 2018).

Fitnessapps lassen sich in den Bereich der „Questionmarks" einordnen. Der relative Marktanteil dieser Apps liegt bei ca. 3,3% (Statista, 2020). Die Anzahl an Nutzern, welche regelmäßig zum Sport gehen, unabhängig ob Fitnessstudio oder über eine App ist jedoch stark am wachsen in den letzten Jahren (Statista 2018). Somit ist das Wachstum des Marktes als sehr hoch zu betrachten.

Betrachtet man das Unternehmen Freeletics in Bezug auf den Produktlebenszyklus, so lässt sich dieses in die Wachstumsphase einordnen. Die App ist entwickelt und durch ihre Bekanntheit ist sie weit über die Einführungsphase hinaus. Das Potenzial des Marktes und das erwartete Nutzungsverhalten von Usern bei Fitnessapps geben Rückschlüsse darauf, dass der Sättigungspunkt noch nicht erreicht ist.

Unterschiede zum herkömmlichen Produktlebenszyklus finden sich unter anderem im Verlauf des Deckungsbeitrages. Dieser ist anders als bei herrkömmlichen Produkten oftmals auf einem gleichen Niveau, bzw. springt bei Investitionen in die App rapider an (Beispielsweise für größere Internet-Cloud-Providern). Außerdem sind geringere Kosten in der Herstellung durch Lerneffekte des Unternehmens nicht möglich, da die App keine laufenden Kosten für die Produktion verursacht.

2.5 Fazit

Abschließend soll betrachtet werden, ob es für das Unternehmen Premium Health Ltd. empfehlenswert ist, eine Fitnessapp auf den Markt zu bringen, welche die Kunden des Fitnessstudios bei ihrem Training begleitet. In der Analyse des Unternehmens Freeletics, welcher als Branchenprimus bezeichnet werden kann, sind einige Schwächen aufgedeckt worden. Hauptkritikpunkt ist hierbei, dass es in dieser App keine Individualität gibt und man einen standardisierten Trainingsplan erhält. Da der Fokus unseres Unternehmens auf einer hohen Servicequalität liegt, die jeden Kunden individuell betreuen kann, hat man einige Vorteile gegenüber Freeletics und anderen großen Anbietern. Den Mitgliedern können Trainingspläne und wertvolle Tipps direkt auf das Handy gespielt werden. Bei Problemen oder Fragen ist vor Ort im Studio immer eine Ansprechperson erreichbar. Diese können sich direkt von den Kunden Feedback und Verbesserungsvorschläge für die App einholen. Auch die Kosten für die Erstellung einer App sind überschaubar. So ist es mit relativ geringem Aufwand möglich eine App speziell auf die Wünsche des Studios einzurichten und sich so auch von weiteren Studios abzugrenzen.

3. Corporate Identity, Digitalisierung und Integrierte Kommunikation

3.1 Analyse eines Best-Practice-Beispiels

3.1.1 Corporate Identity

Die Corporate Identity ist eine strategisch geplante und operativ eingesetzte Selbstdarstellung und Verhaltensweise von einem Unternehmen nach innen und außen zu verstehen (Birgkit & Stadler, 2002, S.20ff.; Meffert & Burmann, 1996, S.23 ff.). Nachfolgend werden vier Gründe genannt, seine Corporate Identity neu auszurichten:

1. Wenn das Image des Unternehmens ruiniert ist.
2. Wenn das Unternehmen seine Marktposition ändert.
3. Wenn das Unternehmen neue Produkte auf den Markt bringt, die nicht im Einklang mit vorherigen Produkten stehen.
4. Wenn die Inhaber oder Gesellschafter im Unternehmen wechseln.

Am Beispiel der Unternehmensgeschichte von FRoSTA sollen nun drei Anzeichen für die Überarbeitung der Corporate Identity erläutert werden. Alle folgenden Daten zum Unternehmen FRoSTA wurden aus der Aufgabenstellung entnommen.

1. Über die Jahre änderte FRoSTA immer wieder das Logo des Unternehmens sowohl in ihren Farben, wie auch über den abgebildeten Text. Das Corporate Design wurde somit immer wieder ausgetauscht.

2. FRoSTA kehrt 2004 seiner alten Philosophie „Tiefkühlware in Folienverpackung" den Rücken und wirbt nun unter dem Slogan des „FRoSTA Reinheitsgebotes". Dieses Umdenken im Unternehmen beschreibt die Corporate Communication.

3. Seit dem Jahr 2009 setzt sich FRoSTA immer mehr für Transparenz für ihre Lebensmittel ein. Die Einführung der „Lebensmittel-Ampel" und die umweltschonende zertifi-

zierte Verarbeitungsweise von Produkten und Verpackungen stehen für eine starke Corporate Behaviour. So will sich FRoSTA über ihr Verhalten als ein sich für die Umwelt einsetzendes und fair produzierendes Unternehmen positionieren.

3.1.2. Digitalisierung und integrierte Kommunikation

Integrierte Kommunikation bezeichnet den Prozess der vernetzten strategischen Kommunikation. Hierzu gehören die Analyse, Planung, Organisation, Durchführung und Kontrolle. Ziel ist es, eine konsistente Unternehmenskommunikation zu gewährleisten, in der alle externen Maßnahmen miteinander abgestimmt sind. Für die Umsetzung der Positionierung eines Angebots ist die integrierte Kommunikation von großer Bedeutung, da hierdurch ein langfristiges Image von einem Angebot aufgebaut wird (Rudolf-Esch). Auch bei dem Unternehmen FRoSTA lässt sich diese wiedererkennen. Im Anschluss an den erfolgten Philosophie Wechsel von „Tiefkühlware in Folienverpackung" zum „FRoSTA Reinheitsgebot" wurden sowohl das Logo des Unternehmens, wie auch die Qualität der Produkte und die umweltbewussten Verpackungen eingeführt. Das Unternehmen kommuniziert immer mehr eine hohe Qualität und hohe Standards nach außen. Durch diese richtige Kommunikation kaufen immer mehr Menschen FRoSTA Produkte.

Die Geschwindigkeit, mit welcher sich die mediale Umwelt verändert, stellt für viele Unternehmen eine große Herausforderung dar. So konnten Unternehmen vor einigen Jahren ihre kommunikativen Aktivitäten auf einige wenige Werbekanäle eingrenzen. Mittlerweile müssen sich diese jedoch mit einer veränderten Medienlandschaft auseinandersetzen. Die Bedeutung verschiedener Internetplattformen, in denen die Bevölkerung ihre Meinung äußern kann nimmt immer weiter zu. Foren, Blogs oder auch Instagram und YouTube Kanäle bieten Menschen die Möglichkeiten selber als Werbeträger zu fungieren. Die Reichweite dieser Personen ist extrem groß. Dabei besteht für Unternehmen immer die Gefahr, dass Verbraucher am Image des Unternehmens über deren Kundgebungen im Internet mitwirken können. Da es mittlerweile eine große Vielzahl an Kommunikationsmedien gibt, in der verschiedene Altersgruppen unterschiedlich stark erreicht werden können, wird die Abstimmung der externen Kommunikation zwischen mehreren Werbeträgern immer schwieriger. Hierbei wird es von großer Bedeutung sein, die richtigen Botschaften über die richtigen Kommunikationskanäle zu bespielen.

Im Sinne der integrierten Kommunikation ist es von zentraler Bedeutung die externe Kommunikation des Unternehmens nach außen einheitlich aneinander anzupassen. Die Idee des Unternehmens FRoSTA, die unterschiedlichen Zielgruppen des Unternehmens über verschiedene Werbekanäle anzusprechen ist durchaus sinnvoll.

Über die Website des Unternehmens sollen überwiegend ältere Bestandskunden angesprochen werden. Gleichzeitig soll das Unternehmen über soziale Medien als Lifestyle-Marke für junge fitnessaffine Personen dargestellt werden. Die Möglichkeit über soziale Medien eine große Anzahl an Personen zu erreichen, kann für ein Unternehmen stark profitabel sein. Jedoch muss sich FRoSTA damit auseinander setzen, dass ihr Image, welches in den letzten Jahren unter der Philosophie „FRoSTA Reinheitsgebot" aufgebaut wurde, keine Verbindung für die Zielgruppe der jungen fitnessaffinen Menschen darstellt. Eine neue Positionierung des Unternehmens hin zu diesem Marktfeld könnte ältere Bestandskunden verschrecken. Hier besteht die Gefahr, dass diese aufgrund der Positionierung davon ausgehen könnten, dass sich FRoSTA in ihrer Zielgruppe ändern könnte. Eine weitere Möglichkeit des Unternehmens liegt in der Werbung über soziale Medien. Das Ziel ist es, dass neue Kunden auf dieses aufmerksam werden und die Produkte aufgrund des Image der vergangenen Jahre kaufen. Ingesamt wird es im Falle einer getrennten zielgruppenorientierten Werbung über unterschiedliche Kanäle wichtig sein, das Image des Unternehmens beizubehalten und die externe Kommunikation aufeinander abzustimmen, um keinen Schaden am Image erleiden zu müssen.

3.2 Kommunikationsstrategie

Für eine erfolgreiche Werbekampagne im Internet ist es von großer Bedeutung eine Werbung zu schalten, welche für den Nutzer interessant erscheint. Nach einer Statista-Umfrage sehen sich 23% der Nutzer eine Werbung an, wenn diese interessante Inhalte wiedergeben, bzw. Inhalte, welche den Nutzer interessieren. Lediglich 2% der Befragten klicken eine Werbung an, welche nützliche Hinweise bietet (Statista 2017). Für das Unternehmen Suppmart ist es daher wichtig für den Nutzer eine Story zu präsentieren, welche die eigenen Produkte als gesunde und hochwertige Sportlehrnahrung vermarktet. Werden nur klare Fakten über die Qualität der Produkte erklärt, werden in allen Social-Media-Kanälen die meisten Nutzer die Werbeanzeige vermutlich wegklicken.

Als positives Beispiel kann hierfür das Unternehmen FRoSTA verwendet werden. Dieses hat es geschafft seim Image nach starken Umsatzeinbußen umzustellen und eine Philosophie zu entwickeln, welches der Kunde gedanklich automatisch mit hohen Qualitätsstandards verbindet. Für die Produkte von SUPPmart sollte ein ähnlicher Weg gegangen werden.

4. Marktfeldstrategien:

Um eine Produktstrategie zu entwickeln, die das Verhalten des Unternehmens im Markt bestimmt, wurde die Produkt-Markt-Matrix nach Ansoff erfunden. Diese gibt vier Basisstrategien vor (Meffert, Burmann et al., 2015, S.254.), welche nachfolgend erläutert werden. Der erste Punkt, die Marktdurchdringung, hat das Ziel mit vorhandenen Produkten auf gegenwärtigen Märkten eine Vergrößerung des Marktanteils und eine Ausweitung des Gesamtvolumens des Markts zu erzielen (Nieschlag et al., 2002, S.900). Im zweiten Teil, der Marktentwicklung, geht es um neue Märkte, welche für gegenwärtige Produkte erschlossen werden sollen. Dies kann sowohl über neue geografische getrennte Märkte, wie auch über neue Marktsegmente geschehen (Kotler & Bliemel, 2006, S. 146 f.;, Weis, 2012, S. 160). In der Produktentwicklung, dem dritten Feld der Matrix, geht es für Unternehmen um die Entwicklung neuer Produkte für bestehende Märkte. Dabei können entweder neue Produkte erfunden werden, oder vorhandene zu differenzieren und neue Varianten zu entwickeln. Wichtig ist hierbei jedoch, dass die neuen Produkte als einzigartig, unterschiedlich, anders und käuferspezifisch wahrgenommen werden (Meffert, Burmann et al. 2015, S. 255; Niederschlag et al., 2002, S.901; Weis, 2012, S.161). In der Diversifikation werden neue Produkte oder Leistungen in für das Unternehmen neue Märkte gebracht. Dabei wird je nach vorangegangenem Produktionsprogramm zwischen horizontaler, vertikaler, oder lateraler Diversifikation unterschieden. Bei einer Erweiterung des Sortiments mit Leistungen die im sachlichem Zusammenhang mit den vorherigen stehen, spricht man von eine horizontalen Diversifikation (Weis, 2012, S.255). In der vertikalen Diversifikation wird die Tiefe des Sortiments erweitert (Weis, 2012, S.256).
Wenn das Sortiment erweitert wird, es jedoch keinen technischen oder wirtschaftlichen Zusammenhang zu den vorherigen Produkten hat, so spricht man von einer lateralen Diversifikation (Weis, 2012, S. 206).

Im Beispiel des Unternehmens SUPPmart gibt es für eine Marktdurchdringung viele Möglichkeiten. Eine wäre mittels Kooperationen mit Fitnessstudios die eigenen Produkte an Kunden zu bringen, welche vorher vielleicht andere Produkte gekauft haben und nun über Empfehlungen des Studiopersonals die SUPPmart Produkte testen. Langfristig kann dies zu einer höheren Anzahl an Kunden für das Unternehmen führen.

Eine weitere Möglichkeit zur Expansion bestünden für das Unternehmen weitere Absatzmärkte zu kreieren. So könnte das Unternehmen in Fußgängerzonen oder Einkaufszentren kleine Shops eröffnen, in denen die Produkte direkt verkauft werden.

In Bezug auf die Produktentwicklung bieten sich dem Unternehmen viele Möglichkeiten. So können vorhandene Produkte um neue Geschmäcker erweitert werden, um den Kunden eine größere Auswahl anbieten zu können. Eine weitere Expansionsmöglichkeit für das Unternehmen ist durch die Erschließung neuer Märkte über neue Produkte. Hier könnte SUPPmart zusätzlich zum Verkauf von Nahrungsergänzungsmitteln Sportbekleidung verkaufen. Durch eine horizontale Diversifikation ist es möglich Synergieeffekte herzustellen und dem Verkäufer beide angebotenen Produkte zu verkaufen, da diese in einem sachlichen Zusammenhang stehen.

5. Literaturverzeichnis

Bea, F. X. & Haas, J. (2013). Strategisches Management (Grundwissen der Ökonomik : Betriebswirtschaftslehre, 6., vollständig überarbeitete Aufl.). Stuttgart: Lucius & Lucius.

Birkigt, K. & Stadler, M. M. (Hrsg.). (2002). Corporate Identity. Grundlagen, Funktionen, Fallbeispiele (11., überarbeitete und aktualisierte Aufl.). München: Verlag Moderne Industrie.

Birkigt, K., Stadler, M. M. & Funck, H. (2002). Corporate Identity. Grundlagen, Funktionen, Fallbeispiele (11., überarbeitete und aktualisierte Aufl.). München: Verlag Moderne Industrie.

Esch, Rudolf. Integrierte Kommunikation. Zugriff am 20.1.2020. Verfügbar unter : https://wirtschaftslexikon.gabler.de/definition/integrierte-kommunikation-40172/version-263564

Fleig 2018, Portfoliotechnik und Portfolioanalyse, Kapitel 58. Zugriff am 18.1.2020. Verfügbar unter https://www.business-wissen.de/hb/bcg-matrix-als-portfolio technik-der-boston-consulting-group/

Heinzerling, M. (2014). Freeletics - Vorteile und Kritik. Zugriff am 10.1.2020. Verfügbar unter https://mheinzerling.de/blog/freeletics-vorteile-und-kritik/

Kotler, P., Armstrong, G., Saunders, J. & Wong, V. (2011). Grundlagen des Marketing (5., aktual. Aufl). München: Pearson Studium.

Meffert, H. & Burmann, C. (1996). Identitätsorientierte Markenführung - Grundlagen für das Management von Markenportfolios. (Arbeitspapiere Nr. 100). Münster: Wissenschafltliche Gesellschaft für Marketing und Unternehmensführung e.V.

Meffert, H., Burmann, C. & Kirchgeorg, M. (2012b). Marketing. Grundlagen marktorientierter Unternehmensführung (11., überarbeitete und erweiterte Aufl.). Wiesbaden: Gabler.

Meffert, H., Burmann, C. & Kirchgeorg, M. (Hrsg.). (2015). Marketing. Grundlagen marktorientierter Unternehmensführung Konzepte - Instrumente – Praxisbeispiele (12. überarbeitete u. aktualisierte Aufl. 2014). Wiesbaden: Springer Gabler.

Nieschlag, R., Dichtl, E. & Hörschgen, H. (2002). Marketing (19., überarbeitete und ergänzte Aufl.). Berlin: Duncker & Humblot.

Scherkamp, H. (2015). Was ist dran, am Hype um das Münchner Start-up Freeletics? Zugriff am 18.1.2020. Verfügbar unter https://www.gruenderszene.de/allge mein/freeletics-interview?interstitial

Statista. (2017). Fitness. Zugriff am 16.1.2020. Verfügbar unter https://de.statista. com/outlook/313/137/fitness/deutschland.

Statista (2017) Einstellung gegenüber Werbung in Social Media in der Generation Z in Deutschland 2017 Zugriff am 19.1.2020. Verfüggbar un terhttps://de.statista.com/statistik/daten/studie/815483/umfrage/einstellung-gege nueber-werbung-in-sozialen-netzwerken-in-der-generation-z/

Statista. (2018). Anzahl der verfügbaren Apps im Google Play Store in ausgewählten Monaten von Juli 2015 bis Juli 2018. Zugriff am 23.1.2020. Verfügbar unter htt ps://de.statista.com/statistik/daten/studie/74368/umfrage/anzahl-der-verfuegba ren- apps-im-google-play-store/

Statista. (2020). Umsatzstärkste Fitness-Apps im Google Play Store in Deutschland im Dezember 2019. Zugriff am 16.1.2020. Verfügbar unter https://de.statista. com/statistik/daten/studie/689223/umfrage/gesundheits-und-fitness-apps-im-google-play-store-nach-umsatz-in-deutschland/

Statista (2020) Anteil der Apps im App Store nach Kategorien im Januar 2020. Zugriff am 23.1.2020. Verfügbar unter https://de.statista.com/statistik/daten/stu-die/166976/umfrage/beliebteste-katego rien-im-app-store/

Weis, H. C. (2012). Marketing (Kompendium der praktischen Betriebswirtschaft, 16., verbesserte und aktualisierte Auflage). Herne, Westf: NWB.

.